ÉLÉMENTS

D'ORTHOPHONIE

DU BÉGAIEMENT

ET

DES VICES DE LA PAROLE

ABRÉGÉ

DU TRAITÉ DU DOCTEUR COLOMBAT

(de l'Isère)

TRAITÉ COURONNÉ PAR L'ACADÉMIE DES SCIENCES

PAR

EMILE COLOMBAT

Professeur d'orthophonie (traitement du bégaiement et des vices de la parole)
chargé du cours d'orthophonie annexé à l'Institution impériale
des Sourds-Muets de Paris.

PARIS

ASSELIN, LIBRAIRE DE LA FACULTÉ DE MÉDECINE,
Place de l'École de médecine, 5.
CHEZ L'AUTEUR, RUE D'ENFER, 83

1868

ÉLÉMENTS

D'ORTHOPHONIE

Imprimé par Ch. Noblet, rue Soufflot, 18.

ÉLÉMENTS

D'ORTHOPHONIE

DU BÉGAIEMENT

ET

DES VICES DE LA PAROLE

ABRÉGÉ

DU TRAITÉ DU DOCTEUR COLOMBAT

(de l'Isère)

PAR

EMILE COLOMBAT

Professeur d'orthophonie (traitement du bégaiement et des vices de la parole)
chargé du cours d'orthophonie annexé à l'Institution impériale
des Sourds-Muets de Paris.

PARIS

ASSELIN, LIBRAIRE DE LA FACULTÉ DE MÉDECINE,

Place de l'Ecole de Médecine, 5.

CHEZ L'AUTEUR, RUE D'ENFER, 83

1868

Le docteur Colombat (de l'Isère), chevalier de la Légion d'honneur, né à Vienne en 1797, décédé le 11 juin 1851, fut, en 1829, le fondateur de l'Institut orthophonique de Paris pour le traitement de tous les vices de la parole et en particulier du BÉGAIEMENT.

C'est à l'étude physiologico-pathologique des organes de la voix, mais surtout à celle du bégaiement, que se rattache en médecine le nom du docteur Colombat. Une idée bien simple le guida dans cette dernière étude : il avait remarqué que les bègues, dans certaines circonstances, articulent avec netteté, par exemple, lorsqu'ils chantent, il lui parut alors complétement illusoire d'aller chercher les causes de leur infirmité dans une conformation vicieuse des organes vocaux. Aussi la méthode orthophonique, continuée pendant un certain temps, rétablit l'harmonie qui manque chez eux entre l'agent nerveux instigateur de la parole et les organes chargés de lui obéir. Les deux corps scientifiques les plus haut

placés dans l'opinion publique, l'Académie des sciences
et l'Académie de médecine, donnèrent la plus éclatante
approbation à ses travaux, à l'empressement qu'il a mis
à en faire connaître les résultats (1), et couronnèrent
l'ouvrage dans lequel est développée cette méthode de
traitement, *Traité de tous les vices de la parole et en particulier du Bégaiement* ou *recherches théoriques et pra-
tiques sur l'orthophonie*. Il traita gratuitement, pendant
de nombreuses années, des bègues, notamment des mi-
litaires affectés de ce vice de la parole.

(1 Voir les pages 7 et 8.

1830

ACADÉMIE ROYALE DE MÉDECINE.

Conclusions d'un rapport fait à l'Académie royale de médecine de Paris, le 14 décembre 1830, au nom d'une commission composée de MM. Itard, Marc, Esquirol et Hervez de Chégoin.

M. Itard termine ainsi son rapport : « La combinai- « son des moyens curatifs de M. Colombat est tellement « avantageuse, qu'elle amène les résultats les plus « prompts et les plus nets qu'on ait obtenus jusqu'à « présent. » Le savant rapporteur déclare en outre, au nom de la commission, « que la méthode curative du « bégaiement et l'ouvrage dont M. Colombat est l'au- « teur, méritent l'approbation de l'Académie, ainsi que « ses remerciements, pour les communications franches « et sans réserve qu'il lui en a faites; que sous ces deux « rapports il a acquis un double titre aux suffrages de « la compagnie à qui la commission propose d'inscrire « M. Colombat parmi les candidats aux premières places « vacantes de membres adjoints de l'Académie. »

Ces conclusions ont été adoptées à l'unanimité.

1833.

—

INSTITUT DE FRANCE.

ACADÉMIE ROYALE DES SCIENCES.

Séance publique du lundi 18 novembre 1833.

PRIX DE MÉDECINE

Fondé par M. Monthyon, en faveur de ceux qui auront perfec=
tionné l'art de guérir.

EXTRAIT DU PROGRAMME :

L'Académie a décidé qu'il serait accordé cette année :

UN PRIX DE 5,000 FRANCS

A M. le docteur Colombat (de l'Isère), pour les travaux
qu'il a publiés sur le mécanisme de la prononciation, et
pour les succès qu'il a obtenus dans le traitement des
vices de la parole, et en particulier du bégaiement.

1868

MINISTÈRE DE L'INTÉRIEUR.

Sur les conclusions d'un rapport de M. le docteur Danet, rapporteur d'une commission composée de MM. *Claveau*, inspecteur général, président; *Waïsse*, directeur de l'institution impériale des Sourds-Muets de Paris ; *Gabel-Valade*, inspecteur des sourds-muets ; *Danet*, docteur-médecin du ministère de l'intérieur : Son Excellence M. le ministre de l'intérieur a établi et annexé, à l'institution impériale des Sourds-Muets de Paris, un cours d'orthophonie public et gratuit pour le traitement par la méthode du docteur Colombat, de l'Isère, de toutes les personnes affectées d'un vice de parole ou de BÉGAIEMENT.

M. Émile Colombat, son fils, a été chargé, par décision ministérielle, en date du 27 février 1868, de ce cours d'orthophonie.

INTRODUCTION.

De toutes les infirmités qui affligent l'espèce humaine, le bégaiement est peut-être celle qui mérite le plus de fixer l'attention, puisqu'elle atteint la faculté du langage ; cette faculté inhérente à l'homme de pouvoir par des sons convenus manifester des pensées intimes et les transmettre avec toutes leurs modifications, est sans contredit le don le plus précieux que nous ait fait le Créateur, et le pinceau qui trace le mieux l'image de toutes les opérations de notre esprit. C'est principalement par cet art merveilleux que nous faisons connaître nos besoins, nos craintes, nos plaisirs, nos lumières et que nous recevons de nos semblables, les secours, les conseils et les connaissances qui nous sont nécessaires. C'est également par ce fidèle interprète qu'une âme se développe à une autre, et que l'espèce humaine parvient au degré de perfectionnement dont elle est susceptible : sentiments du cœur, feu du génie, profondeur d'esprit, richesse de l'imagination, tout devient par la parole un bien commun aux hommes ; les connaissances d'un seul sont les connaissances de tous.

Avant d'exposer les moyens curatifs du Dr Colombat, pour combattre le bégaiement, je donnerai quelques détails très-rapides sur la voix et le mécanisme de la parole ; je passerai ensuite en revue les principaux vices de l'articulation, le grasseyement, la blésité et le zézeyement ; j'indiquerai ceux qu'on a confondus avec le bégaiement, tels que le balbutiement et le bredouillement ; je parlerai des causes de ces affections ainsi que des modifications diverses qu'y apportent le climat, la température, l'âge, le sexe, l'imitation, l'éducation. Je dirai également quelques mots sur l'influence qu'ont sur la voix et la parole les passions et les nombreuses affections de l'âme. Enfin, après avoir donné l'exposé des moyens curatifs et la description de la gymnastique vocale du docteur Colombat, je terminerai par l'articulation artificielle de toutes les lettres, de toutes les syllabes qui arrêtent le plus souvent les bègues, et j'y ajouterai une statistique du bégaiement en France et dans les quatre parties du monde.

ÉLÉMENTS D'ORTHOPHONIE

DES VICES DE LA PAROLE

CHAPITRE PREMIER.

DE LA VOIX. — DESCRIPTION SUCCINCTE DE L'APPAREIL VOCAL.
— DE LA PAROLE ET DE SA FORMATION.

La voix est une dépendance de la respiration. C'est un son animal produit par des organes qui, par leur réunion et leur ensemble, constituent l'appareil vocal. Les organes de l'appareil vocal sont : 1° les poumons qui sont les réservoirs de l'air ; 2° les muscles de la respiration qui font jouer à la poitrine le rôle de soufflet ; 3° la trachée-artère et les bronches, qui constituent un porte-vent bifurqué inférieurement ; 4° le larynx proprement dit, semblable à une embouchure élastique et mobile ; 5° la glotte, dont les cordes vocales représentent assez bien les lèvres d'un joueur de trombone, auquel je compare l'instrument vocal, enfin le pharynx, l'épiglotte, la luette, le voile du palais, la voûte palatine, les fossés nasales, les sinus maxillaires ; les lèvres, les joues, fourniront le tuyau, les clefs, les circonvolutions et le pavillon de l'instrument vocal.

Avant d'aborder la formation de la voix, je pourrais donner une description détaillée de tous les organes qui constituent l'appareil de la phonation ; mais ce traité étant plutôt destiné à des personnes affectées de bégaiement ou d'un vice de parole qu'à des physiologistes, j'ai cru qu'il était suffisant de donner la description de l'appareil vocal.

La voix est donc une dépendance de la respiration. C'est un son animal produit par le larynx et plus spécialement par la glotte. Le son peut être regardé comme la cause formelle de la parole, l'air comme sa cause matérielle, le larynx comme sa cause efficiente, semblable au soleil qui est la cause efficiente de la lumière ; enfin, le besoin ou l'état de l'âme auquel se rapporte son expression actuelle peut être regardé comme sa cause déterminante.

Si, par la locomotion, l'homme, ainsi que les autres animaux, peut effectuer les actes nécessaires à la conservation de son individu et à son bien-être, il a de plus que ces derniers la noble faculté de pouvoir par la parole communiquer avec ses semblables et établir avec eux des relations de l'ordre le plus élevé.

La parole n'est autre chose que la voix articulée et

modifiée par les mouvements de la langue, des lèvres
et des autres parties de la bouche qui, sous l'influence
d'un influx nerveux partant du cerveau, ont pris d'a-
près les impressions et les ordres de ce dernier toutes
les positions nécessaires pour mesurer la voix et produire une série de sons par lesquels les hommes sont
convenus de rendre leurs idées. C'est elle, ainsi que l'ont
démontré Condillac et Rousseau, qui a servi à fonder
nos idées, c'est elle, enfin, qui distingue le plus l'homme
des autres animaux, puisqu'elle peut l'isoler du monde
physique et le transporter dans un monde intellectuel
et moral. Plus nous sommes répandus dans la société,
plus nous vivons parmi les hommes, plus aussi nous
sentons le prix de la parole. La privation plus ou moins
complète de cette faculté peut, selon son degré, nuire
à l'entier développement de nos facultés, paralyser
notre intelligence et enfin nous priver du charme que
nous trouvons dans la vie sociale en communiquant aux
autres nos affections et nos pensées.

Il est donc de la plus haute importance de faire tous
nos efforts pour avoir dans toute son intégrité la pré-
cieuse faculté de parler, et le libre exercice de la parole doit donc être acheté par un travail assidu et par
les recherches les plus sérieuses.

CHAPITRE II.

DU BALBUTIEMENT.

Le balbutiement (*hesitatio linguæ*) est ce vice de langage qui consiste à prononcer les mots avec hésitation, interruption, et peu distinctement, mais à voix basse, sans précipitation ni secousses, comme souvent dans le bégaiement et le bredouillement.

Le balbutiement est généralement symptomatique, c'est-à-dire qu'il est le symptôme d'une affection et qu'il cesse aussitôt que celle-ci disparaît, tandis que le bégaiement ne l'est que rarement.

Le balbutiement que l'on remarque chez les idiots, chez les apoplectiques, chez les jeunes enfants et chez les personnes dans l'état d'ivresse, semble ne pas laisser douter que la torpeur et l'inertie relative du cerveau sont les causes les plus fréquentes de cette affection. Les impressions reçues lentement sont communiquées de même ; l'imperfection des idées entraîne l'imperfection de la parole ; ceux dont l'intelligence est bornée doivent nécessairement hésiter pour rendre leurs idées qui sont mal arrêtées et qui manquent de suite et de liaison. Ce qui milite en faveur de cette opinion, c'est que les personnes qui parlent le plus facilement et avec le plus d'esprit balbutient souvent et sont quelquefois dans l'impossibilité de dire un seul mot, si le respect, la timidité, la surprise ou la peur viennent arrêter un moment l'activité de leur cerveau. Le balbutiement peut avoir aussi pour cause la faiblesse partielle ou générale des organes de la parole, il peut dépendre également de la faiblesse générale produite par de longues maladies et par l'abus des narcotiques, des liqueurs fortes. Enfin, chez quelques individus, le balbutiement a pour seul caractère de prolonger la plupart des articulations. C'est cette dernière variété qui constitue ce qu'on appelle la Baryphonie, du grec Βαρυς, pesant, et Φωνη, voix, ou parole lourde.

Pour traiter le balbutiement essentiel, il faut en rechercher les différentes causes qui doivent être combattues par la gymnastique vocale et l'application de l'ensemble des moyens curatifs orthophoniques.

CHAPITRE III.

DU BREDOUILLEMENT.

Le bredouillement (*sermonis tumultus*) est ce vice de
la parole qui consiste à prononcer confusément les mots
et avec tant de rapidité qu'ils sont coupés et articulés à
demi. Ceux qui bredouillent sont en général vifs et spirituels. Leurs idées se meuvent avec tant de prompti-
tude et ils laissent si peu d'intervalle entre chaque mot
qu'il en résulte une volubilité et une confusion qui les
rendent souvent inintelligibles. Ce vice de langage est
plus fréquent que le bégaiement, il tient à la vivacité
et à la précipitation excessive avec laquelle on veut
rendre ses impressions par la parole. Le bredouillement
se voit plus souvent chez les adultes que chez les en-

fants, les vieillards qui balbutient fréquemment ne bredouillent et ne bégaient presque jamais. Ceux qui parlent en public ou devant des personnes étrangères se
trouvent quelquefois momentanément débarrassés de ce
défaut. En effet, lorsqu'on parle en public on est obligé
de réfléchir davantage et d'apporter une plus grande
attention à ce qu'on va dire, il en résulte que les mots
ont le temps d'être mieux articulés, et alors cesse la
confusion qui fait que souvent les bredouilleurs ne sont
compris que par eux-mêmes.

Cette affection, abandonnée à elle-même, devient un
vice de l'articulation qui peut durer autant que la vie,
tandis qu'on peut le faire cesser en accordant un temps
relativement assez long à la prononciation. Le bredouillement est quelquefois plus difficile à guérir que le bégaiement, parce que les bègues, ayant plus de peine à
s'exprimer que les bredouilleurs, qui, le plus souvent,
ne se doutent pas qu'ils parlent mal, les bègues font, par
cette raison, avec plus de persévérance l'application
des moyens curatifs qu'on leur a indiqués, et, appréciant
mieux l'avantage de parler distinctement, sont capables
de faire des efforts plus soutenus, et par conséquent
plus efficaces.

Pour que la parole soit comprise et entendue claire-
ment, la netteté des articulations est encore plus indis-
pensable que le volume de la voix ; le plus grand succès
dans l'art de parler dépend surtout d'une prononciation

mesurée, nette et soutenue par des articulations dis-
tinctes.

Cette manière de prononcer, non-seulement donne
de la dignité au discours et de l'aisance à la voix, mais
encore sert à conduire l'inspiration et à conserver la
présence d'esprit que la précipitation diminue toujours.

Du reste, généralement la gymnastique vocale du
docteur Colombat est suffisante pour combattre avec
succès le vice de langage dont il a été question dans ce
chapitre.

CHAPITRE IV.

DU GRASSEYEMENT ET DE SES VARIÉTÉS.

De tous les vices de la parole, celui qui se rencontre le plus, c'est sans contredit le grasseyement, qui consiste soit à articuler dans l'arrière-bouche, ou de toute autre manière défectueuse, la lettre R, soit à lui substituer le son d'une autre lettre, soit, enfin, à supprimer plus ou moins cette consonne, comme le font souvent les Parisiens.

La première espèce de grasseyement est le grasseyement proprement dit, c'est-à-dire celui qui consiste à prononcer l'R entièrement de la gorge. La deuxième espèce est celle qui consiste à donner à l'R le son du V, et elle a pour cause la mauvaise habitude qu'on a contractée de vouloir articuler la première de ces consonnes seulement en faisant agir les lèvres. La troisième espèce de grasseyement consiste à donner à la consonne R deux sons à la fois comme dans le grasseyement proprement dit; ainsi on dit *zrizre, mezre, zrevenizr, tzraitzre,* pour rire, mère, revenir, traître. La quatrième variété de ce vice du langage est celle qui consiste à substituer au son de l'R le son de la syllabe *gue.* Ce grasseyement est assez commun et il y a bon nombre de personnes qui en sont affectées. La cinquième variété est celle qui consiste à substituer la lettre L à l'R ; ceux qui en sont affectés font comme les Chinois qui, n'ayant pas la consonne R, la remplacent par L et disent lale, lile, louge, plendle pour rare, rire, rouge, prendre. Enfin, la sixième espèce de grasseyement est celle qui se reconnaît par la suppression plus ou moins complète de l'R, ce que l'on remarque principalement chez ceux qui veulent imiter de la voix les merveilleux de Paris qui disaient mouir, tavail, tou, étouné, au lieu de dire mourir, travail, trou, retourner.

Toutes ces variétés de grasseyement peuvent être traitées sûrement par l'emploi de la gymnastique vocale et une façon particulière d'appliquer les moyens curatifs orthophoniques.

CHAPITRE V.

DE LA BLÉSITÉ, DE SES DIVERSES VARIÉTÉS ET DU ZÉZEYEMENT.

On a désigné sous ce nom plusieurs vices de la parole, qui sont le résultat de la substitution de certaines lettres à certaines autres ; mais avant de parler des principales espèces de blésité, je vais dire quelques mots sur la première espèce ou blésité proprement dite, qui consiste à donner le son du Z et de l'S aux consonnes J et G doux, et le son de l'S adoucie aux deux lettres réunies CH ; dans le premier cas on dit zaloux pour jaloux, zentille pour gentille, z'avais pour j'avais ; dans le second, au contraire, cheval, chien, château, font seval, sien, sâteau. La deuxième espèce de blésité ou lambdacisme est un vice de la parole qui consiste à prononcer les L mouillées comme s'il y avait un Y, ainsi paille, fille, bouteille, font paye, fiye, bouteye. La troisième espèce de blésité ou zézeyement est celle qui consiste à altérer les consonnes sifflantes, S, Z, CH, J, X, soit en y ajoutant le son de deux L mouillées et d'un I, soit en rendant trop fortes et trop retentissantes les articulations qu'elles représentent, de manière à produire une sorte de sifflement empâté et désagréable, soit enfin en substituant le T à l'S adoucie. Ainsi, pour dire sergent, soixante, zèle, seize, chuchotement, chapeau, gibier, jambe, projet, Xérès, les personnes affectées de zézeyement prononcent *slliergllient*, *sllioixlixllante*, *zllièle*, *sllièzlie*, *chllinchlliotement*, *chlliapeau*, *gllibier*, *jlliambe*, *projliet*, *Xlliérès*, comme si les S, les Z, les CH, les G doux, les J et les X étaient suivis de deux L mouillées et d'un I. D'autres diront *tucre* pour sucre, *toupton* pour soupçon, *tel* pour sel, *taititement* pour saisissement, *tate* pour chasse, *etertite* pour exercice. La quatrième espèce de blésité ou blésité gutturale consiste dans la substitution de la lettre T aux consonnes gutturales G dur, K et Q et dans celle du D au G dur. Ceux qui en sont affectés disent *tapitaine*, *terelle*, *tintina*, *darder*, *jardon*, pour capitaine, querelle, kinkina, garder, jargon. Il y a encore une cinquième espèce de blésité qui est le résultat de la substitution d'une ou plusieurs articulations d'une langue aux articulations d'une autre langue dans laquelle elles représentent un autre son. Ainsi les Gascons disent bain pour *vain*, *bibier*, pour vivier; les Flamands *reiner* pour régner, *file* pour fille ; enfin les Allemands prononcent *kant* pour gant, *tocile* pour docile, *chardin* pour jardin, *tiner* pour dîner. Cette espèce de blésité est plutôt un accent étranger à la langue française qu'un vice de la prononciation.

La gymnastique vocale, une partie des moyens curatifs orthophoniques et l'étude de certaines lettres triomphent habituellement de la blésité, de ses variétés et du zézeyement.

DU BÉGAIEMENT

2.

CHAPITRE VI.

DU BÉGAIEMENT ET DE SES CAUSES.

Le bégaiement est ce vice de la parole qui consiste à prononcer vivement, par saccades et secousses convul-sives, un plus ou moins grand nombre de fois et avec plus ou moins de difficulté certaines syllabes, certaines lettres qui exigent quelques efforts de la part des muscles qui font mouvoir les organes de l'articulation; quelquefois il produit aussi la suspension momentanée de la voix.

La position vicieuse des dents sur l'arcade alvéolaire, le volume de la langue, son épaisseur, le relâchement de ses ligaments et la longueur excessive du filet, ont été tour à tour regardés comme étant les causes les plus ordinaires du bégaiement. Selon les uns, cette difficulté de parler est, comme on peut l'admettre pour le bredouillement, le résultat de la précipitation avec laquelle on veut rendre ses idées; selon d'autres, cette affection est occasionnée par l'état de faiblesse des muscles des organes de la parole et notamment ceux de la langue et des lèvres.

Mais comment faire cadrer cette dernière opinion avec l'extrême facilité qu'ont généralement tous les bègues de faire tous les mouvements des lèvres et de la langue, d'ailleurs l'état convulsif où se trouvent ces organes lorsqu'ils sont mis en mouvement pour articuler certaines syllabes, et la diminution presque instantanée du bégaiement par l'affaiblissement de l'énergie musculaire, ne permettent pas de s'arrêter plus longtemps à cette idée.

Le bégaiement est une modification particulière des contractions des muscles de l'appareil vocal ; c'est une affection essentiellement nerveuse, qui est le résultat d'un manque d'harmonie entre l'influx nerveux qui suit la pensée et les mouvements musculaires au moyen desquels on peut l'exprimer par la parole.

De ce manque de rapport et d'harmonie d'action, qui doit exister pour que les mouvements soient réguliers entre l'excitation nerveuse et les contractions musculaires, résulte un désordre qui augmente avec les efforts que l'on fait pour le faire cesser, et donne naissance à cette sorte d'état tétanique et convulsif qui constitue le bégaiement. Mais si, par une idée accessoire ou par un rhythme quelconque, on régularise ou on modifie l'excitation et l'irradiation cérébrale, ou si, plaçant les organes de la parole dans des conditions plus favorables, on leur imprime de nouveaux mouvements plus lents et plus réguliers, en leur faisant prendre une position tout à fait inverse à celle qu'ils occupent pendant le bégaiement, alors l'harmonie entre l'innervation et la contractibilité se rétablit, l'ordre renaît, le spasme cesse et l'hésitation disparaît.

Je ferai observer que les bègues ont presque tous l'imagination vive et sont remarquables par la pétulance de leur caractère. J'ajouterai qu'étant encore tout enfants ils ne bégaient que très-rarement; de même qu'ils se trouvent assez souvent débarrassés de leur infirmité, lorsque l'âge avancé, en mûrissant leur esprit, a rendu moins rapide la succession de leurs idées et arrêté un peu l'élan de leur imagination.

Ce qui milite encore en faveur de cette hypothèse, c'est que les idiots et tous les individus dont l'intelligence est restreinte dans des bornes étroites balbutient presque toujours, mais n'offrent que très-peu d'exemples de bégaiement. Mais, dira-t-on, comment se fait-il que les passions véhémentes, que la colère, qu'une injure grave, qu'un danger éminent, fassent souvent momentanément cesser le bégaiement? Cela tient à ce que l'excitation vive et insolite que reçoivent alors tous les organes diminue un peu celle des muscles de la langue, dont la vitesse possible du mouvement se trouve alors en harmonie avec la succession de nos idées et l'irradiation cérébrale.

Si les bègues sont vifs et souvent spirituels, ils sont en revanche susceptibles et timides ; leur timidité excessive vient de la crainte qu'ils ont d'être raillés, et cette idée les occupe tellement qu'elle contribue à faire tomber leur langue dans un état spasmodique qui la tient enchaînée et qui ne cesse qu'avec les causes qui l'ont produit. Si l'on peut distraire les bègues de leur défaut et faire cesser leur timidité, un grand changement a lieu, et alors ils peuvent parler plus facilement. On voit donc qu'il faut chez les uns exciter l'influx nerveux par une secousse et chez les autres en diminuer l'activité, afin que leurs idées se succèdent plus lentement et donnent à la langue le temps d'exécuter tous les mouvements nécessaires, sans confusion et sans tomber dans cet état de faiblesse relative qui l'empêche d'exécuter les ordres trop multipliés qu'elle reçoit du cerveau.

CHAPITRE VII.

INFLUENCE DE L'AGE SUR LE BÉGAIEMENT. — INFLUENCE DU SEXE. — DES SAISONS. — DE LA TEMPÉRATURE. — DE L'IMITATION. — L'ÉDUCATION. — DE L'HÉRÉDITÉ ET DU TEMPÉRAMENT SUR LE BÉGAIEMENT.

L'âge influe beaucoup sur le bégaiement. Le tout jeune enfant ne bégaie pas, la difficulté qu'il a de s'exprimer n'est autre que le balbutiement enfantin ; c'est donc mal à propos qu'on a regardé comme un véritable bégaiement la défectuosité de son langage primitif. C'est seulement à quatre ou cinq ans que les enfants commencent à bégayer; depuis cette époque jusqu'à l'âge de puberté ce vice de la prononciation ne fait qu'augmenter, il reste généralement stationnaire jusqu'à l'âge mûr, époque où il diminue insensiblement pour cesser quelquefois dans la vieillesse.

Une chose fort remarquable, c'est qu'il n'y a, en proportion des hommes, presque pas de femmes qui bégaient. L'éloquent philosophe de Genève s'exprime ainsi à l'égard du sexe : « Les femmes ont la langue « flexible, elles parlent plus aisément, plus tôt et « plutôt que les hommes. La bouche et les yeux ont « chez elles la même activité, observant avec la plus « scrupuleuse attention tout ce qui se passe autour « d'elles. Réduites d'après la nature de nos mœurs et « de nos sociétés à ne briller que par le chant, la danse « et surtout par la conversation, elles se livrent à ces « exercices avec une vive ardeur et y excellent plus que « les hommes. » La coquetterie et l'envie de plaire, si naturelles aux femmes, font que les jeunes filles s'étudient plus volontiers de bonne heure à corriger toutes leurs petites imperfections naturelles et principalement celle du langage, parce que, comme l'a dit Rousseau, « le « talent de parler tient le premier rang dans l'art de « plaire. » La constitution des femmes, qui est plus mobile, se prête mieux que la nôtre à tous les mouvements ; la mollesse qui est particulière à leurs organes rend aussi ceux de la parole et ceux de la voix plus flexibles.

Les changements de saison et les variations brusques dans la température de l'air ont une grande influence sur les bègues. Les personnes affectées de bégaiement jugent d'avance, par la difficulté qu'elles ont de parler, qu'il va s'opérer un changement de temps plus ou moins considérable. Généralement, pendant l'hiver et pendant l'été leur infirmité augmente, le printemps et l'automne leur sont plus favorables, si surtout ces saisons sont tempérées et humides. L'air sec, des gelées et de grandes chaleurs agissent en sens inverse. Le bégaiement est aussi plus sensible le matin ; cela tient à ce que l'intelligence est plus facile alors et que l'irradiation cérébrale qui suit la pensée jaillit avec plus de vitesse que le soir.

Le bégaiement peut s'acquérir par l'imitation. J'ai connu un jeune homme de dix-neuf ans qui était devenu bègue parce que, étant au lycée, il se faisait un jeu de le contrefaire, mais plus tard il l'imitait involontairement, et ce n'est qu'à l'aide d'un travail assidu et de beaucoup de persévérance que je suis parvenu à le défaire de cette habitude fâcheuse qu'il avait acquise par sa faute.

L'imitation du bégaiement est fatale aux personnes qui ont déjà une légère hésitation dans la prononciation, et le phénomène est d'autant plus prompt que les organes ont un degré de force et de perfection moins considérable. Montaigne a eu raison de dire « que l'on « fait bien de tancer les enfants quand ils contrefont « les borgnes, les bègues, les louches et les boiteux et « tels autres défauts de la personne ; car, outre que le « corps ainsi tendu en peut recevoir un mauvais pli, je

« ne sais comment il semble que la fortune se joue à
« nous prendre au mot. »

Personne n'ignore que c'est l'imitation seule et non
une disposition particulière qui fait que dans chaque
province on prononce les mots d'une certaine manière,
les uns grasseyent, les autres disent B pour V et *vice versa*.
Plusieurs maladies et accidents momentanés de santé
ont aussi souvent pour cause l'imitation ; l'épilepsie, le
bâillement, le strabisme, la manie et plusieurs autres
affections nerveuses sont de ce nombre.

L'éducation qui facilite le développement de notre intelligence et l'ignorance qui en restreint les limites, ont
aussi une grande influence sur le bégaiement. Cela est si
vrai, que les personnes qui ont reçu une certaine éducation sont douées d'une certaine énergie et par conséquent
sentent plus le besoin de rendre facilement leurs idées
par la parole. Au contraire, ceux qui sont dans les conditions opposées obtiendront plus difficilement un résultat satisfaisant. En effet, ne sentant pas tout le prix
de la parole, aucun stimulant moral ne les excite, leur
infirmité, loin de diminuer, ne fait qu'augmenter, ils
finissent par ne plus parler, par fuir la société des autres hommes et même quelquefois par devenir idiots.
L'éducation des organes de la parole est une chose importante, car nous perdons bien difficilement les mau-
vaises habitudes que nous avons contractées.

Par l'hérédité on doit entendre un état particulier de

l'organisation qui prédispose les enfants à être affectés d'une maladie dont leurs parents ont été atteints. Les affections dites nerveuses, telles que la manie, l'épilepsie, la chorée, l'hystérie, l'hypocondrie, etc., ont été regardées par la plupart des physiologistes comme étant les plus susceptibles d'être transmises par l'hérédité. C'est sans doute par la même raison que le bégaiement qui, de même que ces maladies, est de nature essentiellement nerveuse, revêt si souvent le caractère héréditaire. En effet, à peu près les quatre cinquièmes des personnes bègues ont leur difficulté par suite de ce fâcheux héritage. Il en est de cet héritage comme des ressemblances de famille, qui peuvent être interrompues pendant une ou plusieurs générations, mais qui ordinairement reparaissent tôt ou tard dans toute leur spécialité et leur activité respectives. A l'égard du tempérament, on remarque que les individus bègues d'un tempérament sanguin et nerveux voient plus tôt et plus facilement disparaître leur infirmité que ceux d'un tempérament lymphatique et d'une constitution moins impressionnable. Il est bon de dire cependant que ces derniers, une fois guéris, le sont peut-être plus radicalement, parce que les habitudes lentement acquises sont toujours les plus tenaces.

CHAPITRE VIII.

Avant d'indiquer les différentes espèces de bégaiement, je vais dire quelques mots sur les lettres et les syllabes qui arrêtent le plus souvent les bègues et qui semblent exiger le plus d'efforts de leur part.

On peut dire avec raison que tout l'artifice du langage consiste dans l'arrangement et les diverses modifications des cinq sons fondamentaux A, E, I, O, U, représentés par cinq lettres appelées *voyelles;* on peut même ajouter que, leur production ne demandant aucun effort de la part des organes vocaux, ils naissent plutôt de l'instinct que de la volonté et qu'ils sont les plus naturels, puisque le sauvage et l'Européen civilisé les emploient également et dans les mêmes circonstances pour exprimer leurs sensations subites de plaisir et de douleur.

Si, comme je viens de le dire, les cinq caractères naturels et fondamentaux exigent peu d'efforts et arrêtent, par conséquent, rarement les bègues, il en est d'autres, appelés consonnes, dont le nombre varie chez différents peuples, qui sont le produit de la réflexion et de l'art, puisque leur production exige des combinaisons plus ou moins nombreuses et plus ou moins difficiles et variables à tous égards. Je vais indiquer, parmi ces dernières, celles qui sont la pierre d'achoppement contre laquelle les bègues se trouvent le plus souvent arrêtés.

Lorsque le bégaiement est léger, il a particulièrement lieu dans l'articulation des consonnes C, G, K, L, Q ; dans un degré plus avancé il comprend les lettres B, F, P, T, V, D ; si enfin la difficulté de parler est excessive et qu'elle se rapproche, pour ainsi dire, du mutisme, elle embrasse non-seulement toutes les consonnes, mais même les sons fondamentaux qui se trouvent arrêtés et comme étranglés dans le larynx.

Ce qu'il y a de remarquable, c'est qu'il y a de certaines consonnes que les bègues prononcent plus facilement devant telle voyelle que devant telle autre. Par exemple, la syllabe *co* exige moins d'efforts de leur part que la syllabe *ca*, quoiqu'ils puissent produire avec moins de difficultés le son de la voyelle isolée A que

pour exprimer celui de la voyelle O, dans les mêmes circonstances.

Le bégaiement, quel que soit son degré, son genre et
sa variété, est toujours facile à constater, car il est rare
qu'une personne bègue puisse parler longtemps sans se
trouver arrêter dans l'articulation de certaines syllabes
ou de certains mots. Je dois dire cependant que cette
infirmité, qui ordinairement est continue, présente
quelquefois, dans sa manifestation, des intermittences
qui peuvent durer deux, trois ou quatre jours. Consi-
déré sous le rapport de ses formes, de ses variétés et de
ses divers degrés d'intensité, ce vice de la parole a été di-
visé par le docteur Colombat en deux classes principales.

La première, qui semble avoir quelque analogie
avec la danse de Saint-Guy, et qui consiste dans une
sorte de chorée des lèvres et dans la succession plus ou
moins rapide de mouvements ou convulsions cloniques
de la langue, de la mâchoire inférieure et de tous les
muscles de l'articulation, a reçu le nom de **labio-choréique.** Cette espèce de bégaiement offre quatre variétés, qui sont : 1° le bégaiement labio-choréique loquax ou
avec bredouillement ; 2° le difforme ; 3° l'aphone ou bégaiement des femmes ; 4° le lingual ou avec zézeyement.

La seconde classe, ou bégaiement **gutturo-tétanique,** qui est surtout caractérisée par une inspiration
anticipée et une sorte de spasme tonique de la gorge et
des muscles de la respiration, comprend six variétés :

1º le bégaiement gutturo-tétanique muet; 2º l'intermittent; 3º le choréiforme; 4º le canin; 5º l'épileptiforme; 6º le bégaiement gutturo-tétanique avec balbutiement.

Enfin, il y a encore un bégaiement assez fréquent qui est désigné par l'épithète de **mixte**, parce qu'il est caractérisé par la réunion d'une ou plusieurs des variétés que je viens d'exposer.

Toutes les personnes bègues ne le sont pas au même degré. Il en est chez lesquelles le bégaiement est à peine sensible; chez d'autres, au contraire, il se présente de nombreux obstacles qui ne laissent par libre la prononciation. A l'instant où la personne qui est affligée d'un bégaiement très-fort veut parler, des convulsions se manifestent et portent particulièrement sur les muscles de la poitrine, de l'abdomen, du col, des membres supérieurs, en donnant lieu à des contorsions, à des spasmes cloniques et toniques, analogues à ceux qui caractérisent une attaque d'épilepsie. Alors les veines du cou se gonflent; les téguments du visage s'injectent; la face prend une teinte rouge foncé; les yeux injectés semblent sortir des orbites; la salive s'échappe de la bouche; la physionomie perd la noblesse de son expression, et le malheureux bègue, n'obtenant ordinairement de tous ses efforts que l'articulation d'une ou de deux syllabes, se violente de plus en plus pour achever sa phrase, et il ne peut alors faire entendre qu'une espèce de grognement imitant le bruit d'un animal qu'on égorge.

CHAPITRE IX.

POURQUOI NE BÉGAIE-T-ON PAS EN CHANTANT ?

De tout temps on avait remarqué que le bégaiement cessait souvent comme par enchantement lorsque les personnes qui en étaient affligées chantaient, ou lorsqu'elles déclamaient des paroles soutenues par un accompagnement musical. Mais personne n'a cherché à se rendre compte de ces phénomènes, dont l'explication est cependant de la plus haute importance pour la démonstration d'un des moyens orthophoniques de la méthode du docteur Colombat, de l'Isère, appliquée au traitement d'une infirmité que l'on rencontre si souvent et qui est si difficile à bien guérir. Nous avons avancé plus haut, comme principale cause du bégaiement, le défaut de rapport entre la mobilité possible des organes de la parole et l'influx nerveux qui leur commande les divers mouvements nécessaires pour modifier la voix, de manière à produire les différents sons qui doivent rendre nos pensées. Les idées se succèdent si vite, l'irradiation cérébrale se fait si rapidement, que les organes de l'articulation se trouvent suffoqués et tombent dans l'état d'inertie et de faiblesse relative qui les empêche d'agir. Mais si une cause physique, morale ou mécanique arrête l'impétuosité de l'irradiation cérébrale en diminuant la surabondance des idées, alors l'équilibre est rétabli, le spasme cesse et les organes agissent librement, parce qu'ils se trouvent en harmonie d'action avec la succession des pensées et le temps nécessaire pour les émettre.

Eh bien, ce qui fait que les bègues parlent librement en chantant, c'est que, étant obligés de soumettre leur parole à une cadence et à un rhythme musical, l'exubérance de leurs pensées et l'irradiation cérébrale se trouvent ralenties, d'où il suit que cette espèce d'entrave maîtrise et enchaîne convenablement leurs idées, qui se trouvent alors adaptées à une certaine lenteur nécessaire pour que leur émission soit nette et sans confusion.

Je dois dire cependant que la mesure n'est pas la seule cause qui, pendant le chant, fait disparaître le bégaiement. Il est probable que la prolongation du son et l'espèce de syncope ou traînement de chaque syllabe contribuent également à faciliter l'articulation, dont les organes agissent alors plus lentement.

MÉTHODE CURATIVE

DU DOCTEUR COLOMBAT, DE L'ISÈRE

CHAPITRE X.

D'après ce qui a été dit sur le bégaiement, on doit pressentir que le *rhythme* est une des bases de la méthode curative du docteur Colombat. En effet, ce régulateur parfait de tous nos mouvements est un des moyens que j'emploie pour combattre le bégaiement. Mais nous devons dire que cet agent orthophonique, aussi simple qu'avantageux, n'exerce complétement son heureuse influence que dans le milieu des mots et des phrases ; c'est-à-dire que la mesure n'est réellement efficace sur le bégaiement que lorsqu'on est parvenu à articuler les premières syllabes, qui ordinairement décèlent le plus l'infirmité des bègues. On a donc été obligé, pour surmonter les premières difficultés, d'avoir recours en même temps à une espèce de gymnastique pectorale, laryngienne, gutturale, linguale et labiale, c'est-à-dire à une gymnastique de la poitrine, du larynx, du gosier, de la langue et des lèvres, qui consiste d'abord à faire une forte inspiration et à retirer la langue dans le pharynx, en portant autant que possible la pointe renversée de cet organe vers le voile du palais, et pour ainsi dire un peu avant la base de la luette, en même temps qu'on écarte transversalement les lèvres de manière à éloigner leur commissures, comme dans l'action de rire ; il faut également avoir soin de ne parler qu'après l'inspiration, et garder autant qu'on le pourra une grande quantité d'air dans la poitrine, dont on augmentera encore la capacité en portant le haut du corps en avant et les épaules en arrière. Aussitôt que, à l'aide de ces diverses actions combinées, la syllabe rebelle sera prononcée, la langue et tous les autres organes de l'articulation devront reprendre leur position naturelle, et on aura soin de parler ensuite selon le rhythme indiqué par le professeur. Afin de faire mieux sentir la mesure et surtout pour indiquer d'une manière précise la lenteur et la vitesse des temps qui la composent, le docteur Colombat a imaginé une sorte de compteur désigné sous le nom de **muthonome** (1), du grec μυθος, parole, et νέμω, je gouverne. Je le répète, les bègues

(1) Dans toute la durée du traitement orthophonique, le muthonome *est le seul instrument* dont il est quelquefois utile de se servir pour marquer la mesure.

doivent apporter une grande attention au rhythme, mais également tâcher, dans les exercices indiqués par le professeur, de parler lentement et de laisser un intervalle égal entre chaque syllabe, en conservant les inflexions naturelles de la voix, afin d'éviter la monotonie d'un langage mesuré et toujours sur le même ton. Il est aussi très-utile, dans le discours, de traîner un peu presque en chantant sur la première syllabe du premier mot de chaque phrase, et lorsque le besoin de l'application des moyens curatifs orthophoniques se fait sentir.

L'ensemble des moyens orthophoniques que je viens de signaler constitue une gymnastique vocale qui a l'avantage d'agir tout à la fois physiquement et moralement. En effet, elle agit physiquement sur tous les muscles de la respiration, sur les poumons, sur le larynx et particulièrement sur la glotte, sur la langue, sur les lèvres, enfin sur tout l'appareil vocal. L'inspiration faite comme nous l'indiquons a pour but de faire cesser la constriction spasmodique des cordes vocales en ouvrant la glotte, en même temps qu'elle sert à distendre la poitrine par une grande quantité d'air, de manière à ce que ce fluide ne s'échappe des poumons que pendant une expiration lente, qui doit avoir lieu graduellement et seulement pour fournir le son vocal. Comme tout le monde peut le vérifier sur soi-même, en portant un doigt sur la saillie dite pomme d'Adam, la position de la langue, retirée et refoulée dans le pharynx et sa pointe relevée, comme cela a été indiqué plus haut, fait cesser le resserrement de la glotte, laisse les cordes vocales dans le relâchement, et l'ouverture glottale se trouve agrandie, parce que la rétraction de la langue dans le pharynx refoule inférieurement le larynx, qui se trouve alors dans le plus grand abaissement possible. Pendant le bégaiement, cet organe est ordinairement très-élevé, ce qui, comme on doit le concevoir, rétrécit la glotte dont les lèvres se rapprochent quelquefois au point de s'opposer à la sortie de l'air, comme cela a lieu dans certains bégaiements. Cette position de la langue est tellement favorable qu'elle met les bègues qui hésitent sur les lettres *gutturales, dentales, palatales*, dans l'impossibilité de bégayer, même le voulant bien, parce que le bégaiement qui se fait remarquer le plus souvent sur ces lettres ne peut avoir lieu lorsque l'organe phonateur est placé ainsi que je le conseille ; tandis que cette infirmité, imitée ou réelle, se manifeste de suite lorsque la langue est en bas.

Pour se convaincre de cela, il suffit de remarquer que, pendant leur hésitation, les personnes qui bégaient ont toujours la pointe de la langue en bas ou en avant, et que, lorsque nous voulons les imiter, nous plaçons instinctivement le sommet de cet organe derrière les dents incisives inférieures. Enfin, la tension transversale des lèvres, faite comme nous l'indiquons, a pour but de faire cesser l'espèce de tremblement convulsif qui a lieu lorsque, pour articuler les lettres labiales, les lèvres forment une espèce de sphincter curviligne qui imite assez bien ce qu'on appelle vulgairement le cul de poule. D'ailleurs, comme des causes différentes ne produisent jamais les mêmes effets, il est facile de concevoir que les répétitions désagréables qui constituent le bégaiement et qui, pour se manifester, exigent certains mouvements et certaines positions obligées de la langue et des organes vocaux, ne peuvent se faire entendre lorsque le mécanisme qui leur donne naissance se trouve remplacé par un autre tout à fait inverse. On peut donc avancer qu'un des premiers principes dans la cure du bégaiement, c'est d'employer un mécanisme et une position des organes aussi opposés que possible à ceux où l'on remarque que sont les mêmes organes pendant l'hésitation.

Cette gymnastique vocale peut aussi agir moralement; ainsi la mesure, qui exerce si bien son heureuse influence sur tous nos organes en régularisant leurs mouvements, fixe l'attention des bègues conjointement avec toutes les autres parties de la méthode curative, et devient par cela même une idée accessoire qui, jointe à l'idée principale qui fait le sujet dont on parle, doit nécessairement ralentir l'émission de cette dernière, et mettre l'influx nerveux qui suit la pensée plus en harmonie d'action avec la mobilité relative de tous les organes vocaux. Donc, si, comme dit l'immortel *Bichat*, tous les organes de la vie de relation peuvent se perfectionner par l'exercice et sont susceptibles d'une véritable éducation, pourquoi refuserait-on ce privilége à ceux de la parole, qui est le plus noble attribut de notre organisation?

CHAPITRE XI.

Les voyelles A, E, I, O, U, OU, ON, IN, AN, EU, UN, qui n'arrêtent les bègues que dans diverses variétés de bégaiement, pourront être prononcées facilement par eux, si, après avoir fait une inspiration pour ouvrir la glotte, ils ont soin de faire précéder d'un E muet le son naturel qu'elles représentent. Ainsi, *a, e, i, o, u, ou, on, an, in*, se prononcent en passant légèrement et rapidement sur le son de l'E muet, comme il suit : eA, eÉ, eI, eO, eU, eOU, eON, eIN, eAN, eUN. Le son que représente l'E muet, étant celui que les bègues prononcent avec le plus de facilité, et étant d'ailleurs le plus propre à se combiner avec les autres lettres, a paru, sous ces deux rapports, l'artifice le plus convenable pour faciliter l'articulation des voyelles ; d'ailleurs, cette espèce de son supplémentaire disparaît peu à peu, et, en quelques jours, les bègues n'ont plus besoin d'y avoir recours et perdent bientôt, sans s'en apercevoir, l'habitude de l'employer.

B

Cette consonne, qui arrête si souvent les bègues, sera facilement articulée par eux, s'ils ont le soin de laisser la langue immobile dans la cavité buccale, en la fixant contre la face postérieure des dents incisives supérieures ; ils devront en même temps tendre les lèvres dans leur sens horizontal, de manière à éloigner leurs commissures ; enfin, ils ouvriront brusquement la bouche en articulant en même temps le son de la voyelle qui suit le B. Le son décomposé de cette lettre est précédé d'une sorte de frémissement sonore qui part du fond de la cavité buccale, suit le palais et sort ensuite vivement, après avoir été modifié par les lèvres. Les bègues devront, pour avoir plus de facilité, ne pas oublier de faire entendre ce frémissement guttural dont nous venons de parler. Ce frémissement doit avoir le son de l'E muet, et la consonne B doit s'articuler ainsi qu'il suit : eBe.

C

L'articulation artificielle de cette lettre consiste seulement à adoucir le son qu'elle représente et à diminuer les efforts et les contractions de tous les muscles de la poitrine, du larynx et du pharynx. On parviendra facilement à ce résultat en donnant au C le son suivant : *KcheA.* Ce moyen, employé convenablement, change peu le son du C et n'exige que quelques jours pour qu'on puisse donner sans hésitation à cette consonne le son naturel qu'elle représente. Le C, avec ou sans cédille, se prononce comme S (*voy. cette lettre*).

D

Le D s'articule facilement en retirant fortement la langue au fond de la bouche, ayant soin ensuite de faire glisser la face inférieure de cet organe le long du palais, jusqu'à ce que son sommet aille frapper les dents incisives supérieures ; les bègues devront exagérer le mécanisme de cette lettre, en faisant précéder le son qu'elle représente d'une sorte de frémissement sonore qui les facilitera beaucoup : ce frémissement, qui imite le son de l'E muet, est d'autant plus important qu'il a lieu dans l'articulation naturelle du D ; si on ne l'aperçoit pas, c'est qu'il se fait trop rapidement. L'oubli de ce frémissement est souvent une des principales causes de l'hésitation non-seulement sur le D, mais encore sur les lettres B, G, J, L, M, N, V ; le D devra donc s'articuler ainsi : eDE, en même temps qu'on rapprochera les lèvres en éloignant leurs commissures, comme si on voulait rire.

F

Pour la lettre F, il faudra exagérer son mécanisme naturel, en retirant fortement la mâchoire inférieure, qu'on élèvera ensuite aussi haut que possible vers l'arcade dentaire supérieure, de manière à ce que les dents aillent se fixer vers la base du menton comme pour mordre cet organe : l'air doit être chassé brusquement, et les lèvres doivent prendre rapidement leur position naturelle.

G doux.

Comme le J (*voyez plus bas*).

G dur.

Cette consonne s'articule comme le C dur, mais il faut joindre à son mécanisme le frémissement sonore dont nous avons déjà parlé. Le G représente le son eGUE.

J

Cette lettre s'articule en chassant l'air avec force, après avoir porté la pointe de la langue au palais, et avancé les lèvres comme pour faire la moue : ce mécanisme doit être précédé du frémissement sonore de la glotte ; ce qui donnera à cette lettre le son de eJE.

L

Pour cette lettre, il faut d'abord élever la langue vers le palais, et la renverser le plus qu'on pourra, ayant soin de lui faire exécuter un mouvement brusque, qui, en frappant la voûte palatine, imite à peu près le mouvement de la langue d'un chat quand il boit ; les lèvres, tendues transversalement, devront rester aussi immobiles que possible : le son de L, qui est également précédé d'un frémissement sonore, fait eLE.

M

Cette consonne, également précédée du frémissement sonore, sur lequel on ne saurait trop insister, s'articulera facilement en fixant le sommet de la langue au-dessus des alvéoles de la mâchoire supérieure, afin de chasser l'air en partie par le nez ; on aura soin ensuite d'agrandir horizontalement l'orifice buccal en éloignant les commissures des lèvres, qui devront à peine se toucher légèrement, en même temps que la mâchoire inférieure fera un mouvement rapide d'abaissement pour articuler eME.

N

Pour articuler cette lettre, il faudra porter la plus

grande attention à laisser les lèvres et la mâchoire inférieure dans l'inaction la plus absolue ; la pointe de la
langue devra être portée vers le voile du palais, de manière à chasser l'air dans les fosses nasales et à faire
glisser le sommet de l'organe phonateur jusqu'à ce qu'il
parvienne à la face postérieure des dents incisives supérieures ; l'abaissement de la langue devra être également précédé du frémissement des cordes vocales, qui
imite l'E muet, et qui donnera à l'N le son de eNE.

P

Le P est plus explosif que le B, et n'est pas précédé,
comme ce dernier, d'un frémissement sonore ; pour l'articuler facilement, il suffit de rentrer la lèvre supérieure
dans la cavité buccale, et de la placer comme si on voulait la mordre : l'air sera chassé brusquement en abais-
sant vivement la mâchoire inférieure.

Q

Le Q et le K s'articulent comme le C dur (*voyez cette
lettre*).

R

Cette consonne, que les bègues devront articuler eRE,
à cause du frémissement de la glotte, se prononce en

repliant supérieurement la langue de manière à ce que sa face dorsale soit concave, et sa pointe portée vers le palais, le plus en arrière possible ; l'air sera chassé avec force, et l'organe phonateur mis en mouvement devra céder avec une sorte d'élasticité qui fera revenir la langue rapidement sur elle-même, aussi longtemps que l'on voudra prolonger l'espèce de roulement que cette lettre représente ; il faudra de plus avoir soin, pour éviter le grasseyement, de laisser dans l'inaction la plus complète la base de la langue, et de faire en sorte que les lèvres et la mâchoire restent tout à fait immobiles.

S

L'S s'articule en plaçant la pointe de la langue contre les dents incisives supérieures, de manière à ne laisser qu'une petite issue à l'air, qui doit être chassé avec force, mais s'échapper en petits filets qui doivent produire le sifflement SE.

T

Cette consonne, qui est plus explosive que le D, n'étant pas, comme lui, précédée d'un frémissement de la glotte, s'articule facilement si on frappe fortement avec la langue renversée le milieu de la voûte palatine, et si en même temps on abaisse brusquement la mâchoire inférieure.

4

V

Le V sera articulé facilement par les bègues, s'ils ont soin de retirer en arrière la mâchoire inférieure, sur laquelle devront appuyer les dents incisives supérieures, de manière à ne laisser échapper de l'air que par les commissures des lèvres ; alors, en chassant ce fluide avec force, il en résultera un sifflement qui devra, comme dans beaucoup d'autres consonnes, être précédé d'un frémissement sonore de la glotte ; une sorte d'explosion complétera l'articulation du V, aussitôt que les mâchoires seront écartées. Le son de cette lettre doit être représenté ainsi : eVe.

Z

Le Z s'articule en portant le bout de la langue au niveau de la base des dents incisives de la mâchoire supérieure, et en faisant précéder cette articulation du frémissement sonore de la glotte, comme dans le V.

CHAPITRE XII.

MOYENS ARTIFICIELS POUR ARTICULER LES COMBINAISONS DES VOYELLES DES CONSONNES.

Articulations naturelles.	*Articul. orthophoniques* (1).
Ba, bo, bi, bu ; bla, blé, bli, blo, blu; blan, blin, blon, blou; bra, bré, bri, bro, bru, bran, brin, bron, brou.	eBeA, eBeO, eBeI, eBeU; eBeLA, eBeLE, eBeLI, eBeLO, eBeLU; eBeLAN, eBeLIN, eBeLON, eBeLOU; eBeRA, eBeRE, eBeRI, eBeRO, eBeRU, eBeRAN, eBeRIN, eBeRON, eBeROU.
Ca, ké, ki, quo, cu; cla, clé, cli, clo, clu, clan, clin, clou; cra, cré, cri, cro, cru, cran, crin, crou, creu, crou.	KcheA, KcheÉ, KcheI, KcheO, KcheU; QueLA, QueLÉ, QueLI, QueLO, QueLU, QueLAN, QueLIN, QueLOU; QueRAN, QueRÉ, QueRI, QueRO, QueRU; QueRAN, QueRIN, QueRON, QueREU, QueROU.

(1) Il faut passer *légèrement* sur toutes les lettres supplémentaires de chaque articulation artificielle, et n'appuyer *fortement* que sur celles qui entrent réellement dans la composition des

Articulations naturelles.	*Articul. orthophoniques.*
Da, dé, di, do, du; dia, dis, dra, dro.	eDeA, eDeE, eDeI, eDeO, eDeU; eDeIA, eDeRA, eDeRO.
Fa, fé, fi, fo, fu; fla, flé, fli, flo, flu, flou; fra, fré, fri, fro, fru, fron, frou.	FeA, FeÉ, FeI, FeO, FeU, FeLA, FeLÉ, FeLI, FeLO, FeLU, FeLOU, FeRA, FeRÉ, FeRI, FeRO, FeRU, FeRON, FeROU.
Ga, go; gla, gli, glo, glu, glou; gra, gré, glé, gri, gru, grou.	eGueA, eGueO, eGueLA, eGueLE, eGueLl, eGueLO, eGueLU, eGueLOU; eGueRA, eGueRÉ, eGueRI, eGueRo, eGueRU, eGueRO, eGueRU, eGueROU.
La, le, li, lo, lu, lan, lin, lon, leu, lou.	eLeA, eLeE, eLeI, eLeO, eLeU, eLeAN, eLeIN, eLeON, eLeEU, eLeOU.
Ma, mé, mi, mo, mu, man, min, mon, mou.	eMeA, eMeE, eMeI, eMeO, eMeU; eMeAN, eMeIN, eMeON, eMeOU.
Na, né, ni, no, nu, nan, nin, non, nou.	eNeA, eNeE, eNeI, eNeO, eNeU, eNeAN, eNeIN, eNeOU.
Pa, pé, pi, po, pu; pan, pin, pon, pen, peu; pis, pla, plé, pli plo, plu, plan, plin, plon; pra, pré, pri,	PfA, PfE, PfI, PfO, PfU; PfIN, PfON, PfOu, PfEU, PfIS; PeLA, PeLE, PeLl, PeLO, PeLU, PeLAN, PeLIN, PeLOU; PeRA,

mots; lorsque cette manière artificielle d'articuler est employée convenablement, elle ne change presque pas le son naturel des lettres et des syllabes. D'ailleurs on n'y a recours que pendant les premiers jours du traitement, et pour surmonter les premières difficultés.

Articulations naturelles.	*Articul. orthophoniques.*
pro, pru, pran, prin, prou; psa, psé, psi, pso, psu.	PeRE, PeRI, PeRO, PERU, PeRAN, PeRIN, PeROU; PesSA, PesSÉ, PesSI, PesSO, PesSU.
Ra, ré, ri, ro, ru, ran, rin, ron, rou.	eReA, eReÉ, eReI, eReO, eReU, eReAN, eReIN, eReON, eReOU.
Sa, sé, si, so, su; sca, sco, scu; sclé, scri, scro, scru.	SeA, SeÉ SeI, SeO, SeU; SeCA, SeCO, SeCU; SeO, SeCU; SeKeLÉ, SeKeRI, SeKeRO, SeKERU.
Ta, té, ti, to, tu; tan, tin, ton, tou; tra, tré, tri, tro, tru, tran, trin, tron, tro, tru, tran, trin, tron, trou, troi.	TeA, TeÉ, TeI, TeO, TeU, TeAN, TeIN, TeON, TeOU; TeRA, TeRÉ, TeRI, TeRO, TeRU, TeRAN, TeRIN, TeRON, TeROU, TeROI.
Va, vé, vi, vo, vu, van, vin, voi; vrai, vri.	eVeA, eVeÉ, eVeI, eVeO, eVeU, eVeAN, eVeIN, eVeOI; eVeRAI, eVeRI.
Cha, che, chi, cho, chu, chan, chin, chon, chou; ja, je, ji, jo, ju, jan, jar, jour.	CHeA, CHeE, CHeI, CHeO, CHeU, CHeAN, CHeIN, CAeON, CHeOU; eJeA, eJeI, eJeU, eJeAN, eJeAR, eJeOUR.

CHAPITRE XIII.

A.   : : A-lé-xandre, A-dé-mar, ar-ri-va-à-A-vran-che : : a-vant-A-dri-en-Al-ma-sor.

E.   : : É-mi-lius-El-zé-vir é-lé-gant é-pi-cu-rien : : é-clip-sa-à-Éphè-se É-dou-ard-É-ros-tra-te.

I.   : : I-si-do-re I-va-no-é-il-lus-tre-ir-lan-dais : : i-mi-ta-i-nu-ti-le-ment-I-rè-ne-I-va-noff.

O.   : : Oc-ta-ve O-li-vier-o-sa-op-pri-mer : : Os-car=O-ri-gè-ne-or-fèvre-or-lé-anais.

U.   : : Ur-bain-Ul-ric-Ulen-dorff, ul-tra-mon-tain-u-to-pis-te : : u-ti-li-sa-l'u-ra-no-gra-phie-à-l'u-ni-ver-si-té-d'U-trecht.

(1) Le sigue : :, que l'on trouve dans les exercices que nous allons donner, est pour indiquer les temps de repos et ceux où l'on devra de préférence faire une inspiration et appliquer complétement la méthode curative.

EXERCICES SUR LES CONSONNES LABIALES,
B, F, M, P, V.

B

: : Bé-né-dict-Ber-vil-le-bre-douil-lait-beau-coup,: : Ba-zi-le-Bour-mont-bot-tier-bru-xel-lois-bal-bu-ti-ait-bê-te-ment.

: : Ben-ja-min-Bé-char-beau-blon-din-bour-gui-gnon : : bril-lait-au-bois-de-Bou-lo-gne, sur-un-bi-det-bai-brun.

: : Ba-si-lio-Bar-tho-lo-bon-bour-geois-bar-ce-lon-nais : : bâ-tis-sait-beau-coup-de-bel-les-bou-ti-ques.

: : Bar-na-bé-Bé-li-sai-re-bos-su-bouf-fi, bu-veur-et-ba-vard : : bâil-lait-et-blê-mis-sait-dans-sa-bou-ti-que.

: : Be-noît-Bo-nard, bar-bier-bi-zan-tin, : : fai-sait-la-bar-be-dans-un-bas-sin-de-bois.

: : Bar-be-rous-se,-bom-bar-dant-bru-ta-le-ment-Bil-ba-o, : : bou-le-ver-sa-les-bam-bins-qui-ba-di-naient-sur-le-bou-le-vard.

: : Bon-jour,-beau-père-Bi-bal : : bu-vez-vous-beau-coup-de-bon-vin-de-Bor-deaux ?

: : Bos-sus,-bor-gnes,-boi-teux-ne-sont-ni-bons,-ni-bê-tes!

F

: : Fran-çois-Fré-ron-fit-for-tu-ne, : : et-fut-fait-fi-nan-cier-de-Fer-di-nand-Fi-li-dor.

: : Fa-bien-Feu-trier,-fa-shio-na-ble-fran-çais, : : fé-li-ci-ta-fai-ble-ment-Fré-dé-ric-Fon-ta-nelle.

: : Flo-re-de-Fon-tan-ge,-fille-de-Fé-lix-Fou-cault, : : fut-la-fem-me-fa-vo-ri-te-de-Fé-ré-ol-For-bin.

: : Fran-cis-que-Fus-tem-berg-pour-fê-ter-sa-fa-mil-le- : : fit-feu-sur-un-fai-san-fran-chis-sant-la-fo-rêt-de-Fon-tai-ne-bleau.

: : Frantz-Fal-ken-berg-fan-tas-sin-fla-mand, : : fon-dit-sur-un-fi-lou-fu-yant-dans-la-fou-le-fré-mis-san-te-et-fu-rieu-se.

: : Flo-re-Fé-li-cie-Foulk-fem-me-d'un-fi-nan-cier-fa-meux-de-Fri-bourg : : fut-fi-an-cée-à-Fa-bien-Fi-scher-de-Franc-fort.

: : Fiez-vous-à-la-fran-chise-des-fai-bles-d'es-prit : : les flat-teurs-sont-faux-et-les-fous-sont-francs.

M

: : Ma-man-m'a-man-dé-chez-mon-sieur-Ma-moux : : man-da-rin-de-sa-ma-jes-té-mu-sul-ma-ne.

: : Mon-sieur-Man-sard-mon-mé-de-cin : : a-mal-heu-reu-se-ment-mé-con-nu-ma-maladie.

: : Mo-men-ta-né-ment-ma-da-me : : ma-mi-grai-ne-
me-mar-que-du-mieux.

: : Mon-meil-leur-a-mi,-Mi-chel-Mo-rin : : mou-rut-mi-
sé-ra-ble-ment-à-Mar-sei-lle.

: : Mé-fi-ez-vous-mi-lord-Mac-ma-hon, : : Mi-la-dy-Mul-
ler-est-maus-sa-de-et-mé-chan-te.

: : Ma-xi-mi-lien-Mar-mont,-mar-quis-de-Mel-vil, : :
m'a me-né-mar-di-ma-tin-à-Mar-man-de.

P

: : Pau-vre-plai-deur-prends-pa-tien-ce, : : à-la-por-te-
de Pier-re-Pons; : : pre-mier-pré-si-dent-du-par-
le-ment-pa-ri-sien.

: : Pour-ras-tu-pa-yer-pour-Paul-Pi-chon : : plu-sieurs-
pis-to-les-pé-ru-vien-nes.

: : Py-tha-go-re,-Plu-tar-que-et-Pa-la-mè-de : : pri-
rent-part-puis-sam-ment-aux-pro-grès-de-la-pa-lé-
o-gra-phie.

: : Pour-quoi-pré-le-ver-un-pré-ci-put : : sur-le-prin-
ci-pal-pa-tri-moi-ne-de-Po-ly-do-re-Po-pe-lin.

: : Pros-per-Poli-gnac,-prin-ce-pro-ven-çal, : : per-dit-
un-pro-cès-qui-le-pri-va-de-sa-pen-sion.

V

: : Vin-cent-Va-lé-ri-us-de-Ver-vins, : : vou-lut-vi-vre-
a-vec-la-veu-ve-Vau-ban-de-Ve-soul.

: : Vo-tre-vertu-vous-ven-gea-vic-to-rieu-se-ment : :
de-vos-vieux-vas-saux-vou-lant-se-ré-vol-ter.

: : Wil-liam-Va-len-tin-Vol-vic : : vint-voir-ven-dre-
di-Vic-to-ri-ne-Vi-vien-de-Vé-ro-ne.

: : Vo-tre-va-leur-vou-drait-vai-ne-ment-vain-cre, : :
les-vé-né-ra-bles-ven-dé-ens-qui-sont-ve-nus-vi-si-
ter-Va-tel-à-Vin-cen-nes.

EXERCICE SUR LES CONSONNES LINGUALES,
D, J, G doux, C, H, L, N, R, T, S et C doux.

D

: : Du-don-dî-na, dit-on, : : du-dos-d'un-do-du-din-
don.

: : Do-mi-ni-que-Di-de-rot, -dit-es-donc-à-De-nis-Du-
pont : : d'ap-por-ter-des-dat-tes-du-dé-sert-de-Da-
miet-te.

: : D'a-bord-don-nez-des-do-cu-ments-dé-sin-té-res-sés-
: : au doc-teur-da-nois-Dio-do-re-Dan-do-lo.

: : Dans-la-di-li-gen-ce-de-Dô-le - à-Dun - ker- que, : :
deux-di - rec-teurs-des-dou-a-nes-dé-ro-bè-rent-des-
den-tel-les.

: : Le-doc-teur-Dia-foi-rus-don-ne-des-dro-gues-dé-tes-
ta-bles-et-dan-ge-reuses : : dont-il-de-vra-ren-dre-
comp-te-de-vant-Dieu.

: : D'a-près-Dé-mé-trius-d'A-thè-nes, : : Dé-mos-thè-nes-de-vint-un-o-ra-teur-dis-tin-gué.

J et G doux.

Cet exercice convient surtout dans la blésité.

: : Jus-qu'à-ce-jour,-gen-til-le-jou-ven-cel-le, : : j'ai été-ja-loux-de-Jé-rô-me-Gé-rard.

: : Ju-lie-Jou-bert,-jeu-ne-et-jo-lie-gé-ne-voi-se, : : jou-ait-jour-nel-le-ment-avec-un-jou-jou.

: : Ja-dis - Jean-Jac-ques-Join-vil - le,-ju-ge-de-Ju-mié-ges, : : ju-rait-de-je-ter-aux-gé-mo-nies-les-jeu-nes-gens jus-ti-cia-bles.

: : Ja-mais-je-n'ai-en-ten-du-gé-mir-le-gi-bier-au-gîte, dans-le-jar-din-de-Jo-seph-Ju-liac.

: : Gé-né-ra - le-ment-les-jar-re-tiè - res-de-jais : : gê-nent-la-jam-be-et-le-ge-nou.

: : Ja-dis-un-gen-til-hom-me-ja-loux-de-sa-gé-né-a-lo-gie : : é-tait-ju-gé-au-ju-ry-de-Jer-sey.

CH, SCH.

Cet exercice est surtout bon pour la blésité.

: : Char-les - Schil-ler-chan-gea - son-chien : : con-tre-un-cha-meau-a-che-té-au-mar-ché-de-Che-chi-keff.

: : Shé-this-chong,-chi-mis-te-co-chin-chi-nois, : : cher-chait-de-la-ché-li-doi-ne-sous-un-chê-ne.

: : Chons-ki,-char-la-tan-de-Cher-bourg, : : ar-ra-cha-un-chi-cot-au- shé-rif-de-Ches-ter.

: : Un-char - mant-che-va-lier-de-Chin - chy-na : : che-vau-chait-che-min-fai-sant-sur-un-che-val-cha-touil-leux.

: : Che-vil-lot,-chi-rur-gien-de-Chi-che-ri, : : chas-sait-à-Char-le-roi-et-cher-chait-un-che-vreuil.

: : La-char-man-te-du-ches-se-de-Choi-seul-chu - cho-tait-chau - de - ment-chez-le-che-va-lier-de-Char-le-pont.¶

L.

: : Lu-dows-ki,-lan-cier-li-thu-a-nien, : : lais-sa-l'u-ni-for-me-et-la-lan-ce.

: : L'a-mi-ral-Li-ches-ter,-de-Li-ver-pool, : : li-cen-cia-len-te-ment-l'ar-til-le-rie-de-Lis-bon-ne.

: : Le - Land-gra - ve - Lu-len-dorff : : est - long, - lent,-lourd,-laid-et-lan-guis-sant.

: : Lau-rent-Lé-o-pold-Lan-ci-val-se-la-men-tait,-loin-de-la-ville,-sur-le-lar-ge-lac-de-Lu-cer-ne.¶

: : Loui-se-Lau-re-Lé-o-nie-La-lan-de : : lan-çait-l'eau-loin-de-la-Loire.'

: : Les-lon-gues-lec-tu-res-li-cen-cieu-ses-las-sent-l'es-prit-et-le-lais-sent-lan-guis-sant.

: : L'of-fi-cier - La-val-li-vra -là-che-ment-lord-Li - tel-
man-à-l'en-ne-mi.

N.

: Né - an - moins-nos-né-go-ci-ants-ni-ver-nais : : ne-
nous-nui-si-rent-nul-le-ment.

: : No-tre-na-vi-re-na-po-li-tain : : n'est-nau-li-sé,-ni-
nau-fra-gé.

: : Nos-né-gril-lons-nou-vel-le-ment-nés-ne-gent-na-tu-
rel-le-ment.

: : Ni-co-las-Nes-tor,-nau-ton-nier-nan-tais, : : nom-
ma-nos-nom-breux-no-vi-ces.

: : No-tre-ne-veu-Ni-co-las-Nec-ker : : net-to-ya-no-
tre-nou-vel-le-na-cel-le.

R.

Cet exercice est surtout bon pour le grasseyement.

: : Ré-gis-Ri-vou-lon,-ren-tier-rou-en-nais, : : ré-tor-
qua-Ra-mon-Ré-gim-beau-de-Re-mi-re-mont.

: : Ri-va-rol,-ro-tu-rier-ro-y-a-liste, : : ra-con - te-ro-
man-ti-que-ment-et-ri-pos-te-ra-pi-de-meut.

: : Rous-seau,-ra-bâ-cheur-ridi-cule, : : rai-son-nait-
ra-re-ment-sans-ri-ca-ner.

: : Ri-chard,-ra-bin-ri-go-ris-te , : : ré-gen-ta-ru-de-
ment-Ro-ger-de-Ru-mil-ly.

: : Rol-land, Ru-bens, Ra-oul et Ri-en-zi : : re-vin-rent-de-Ro-me-pour-re-voir-Rigny-de-Ro-han.

S.

Cet exercice est surtout convenable pour la blésité.

: : Si-ce-ci-se-sait-ce-soir, : : ses-soins-sont-sans-suc-cès.

: : Ce-sont - ces-cinq-cents-ser-pents-sif-flant - sur-son-sein.

: : Sept-cent-six-Suis-ses-se-sont-saisis : : de-cinq-cent-sei-ze-Sa-xons.

: : Ce-sei-gneur-sor-tant-seul,-sans-soup-çon, : : ses-su-jets-sé-di-ti-eux-s'é-lan-cè-rent-sur-sa-sui-te.

: : Si-son-seul-suc-ces-seur-ces-sait-ses-soins-sa-sœur-Cé-ci-le-se-rait-sans-sou-ci.

: : Ce-Suis-se,-sai-sis-sant-son-sa-bre, : : s'est-sui-ci-dé-ce-soir-à-Sois-sons.

T.

: Ton-thé-t'a-t-il-ta-ri-ta-toux ?

: : Ton-tu-teur-te-ten-ta, tu-ten-tas-ton-tu-teur, : : tous-tes-traits-ten-ta-tifs-ten-tent-ton-ten-ta-teur.

: : Tes-Tar-ta-res-trou-vant-tous-tes-tré-sors; : : ten-te-ront-de-te-tuer-tôt-ou-tard.

ε : Ta-trom-pet-te-t'é-tour-dit-tant, : : que-tu-te-trou-
vas-tout-é-ton-né.

: : Ta-tan-te-t'a-tan-tôt-tu-to-yé; : : ten-te-à-ton-tour-
de-tâ-ter-ta-ton-ti-ne.

EXERCICE SUR LES CONSONNES GUTTURALES,
C dur, K, Q et G dur.

C.

: : Ca-pi-tai-ne , com-bien-comp-tez-vous-de-ca-non-
niers-con-si-gnés, : : dans-le-camp-de-Ké-ro-ko?

: : Cons-tam-ment-quel-ques-Co-sa-ques-cou-chent : :
pen-dant-la-ca-ni-cu-le-près-du-ca-nal-de-Ka-co-po-
lis.

: : Qua-tre-ca-ra-bi-niers-qui-cam-pent-à-Car-cas-son-
ne : : ca-ra-co-lent-con-ti-nu-el-le-ment-sur-des-
cour-siers-ca-pa-ra-çon-nés.

: : Ka-kos-ki,-co-lo-nel-des-Kal-moulks, : : a-com-man-
dé-le-corps-des-cui-ras-siers-de-Cra-co-vie-et-de-
Ka-ra-ka-kou-a.

: : Qua-tre-cui-ras-siers, con-vain-cus-d'a-voir-ca-ché : :
dans-leur-ca-ser-ne-qua-tor-ze-ca-nards-et-quin-ze-
coqs, : : ont-été-con-dam-nés-au-car-can.

: : Qui-con-naît-le-can-ton-de-Kar-kof : : con-vien-
dra-que-com-me-à-Kol-birk : : la-ca-nail-le y-quê-
te cons-tam-ment.

G dur.

: : Gar-dez-vous,-gre-na-diers-de-la-gar-de, : : de-
gâ-ter-le-ga-zon-et-de-ga-lo-per-sur-le-gra-vier.

: : Grands-gar-çons-gre-no-blois-qui-vous-gri-sez-dans-
les-guin-guet-tes , : : ne-so-yez-plus-gri-vois-et-
gron-deurs.

: : Go-de-lu-reaux-gas-pil-lant-tout-à-go-go, : : gam-
ba-dez-dans-la-ga-ren-ne-et-grim-pez-sur-les-grands
gro-seil-liers.

: : Un-gros-grou-pe-de-gre-nouil-les-grouil-laient-gro-
tes-que-ment-dans-la-gar-goui-lle.

: : Gru-geant-du-grain ,-une-gri-ve : : grin-got-tait-
et-gri-gno-tait-a-vec-un-gros-gril-lon.

: : Gui-gnez-Guil-lau-me-Guil-lot : : ce-grand-gre-din-
vous-gui-gne-ra-pour-vous-gro-gner.

Comme pour les premiers exercices on a eu besoin
d'un grand nombre de mots difficiles à prononcer,
l'élève ne sera pas étonné de l'emploi de ces phrases,
ne présentant le plus souvent aucun sens raisonnable,
mais formées par des mots commençant par des lettres
et des articulations qui offrent le plus de difficultés aux
personnes qui bégaient; nous faisons répéter ces exercices d'après les règles indiquées dans les chapitres X
et XIII, et selon la variété du bégaiement.

Puisqu'il s'agit de détruire une habitude presque toujours congéniale, c'est-à-dire qu'on apporte en naissant, pour la remplacer par une nouvelle, qui, agissant constamment, est capable de rétablir l'harmonie et la régularité des mouvements des organes de la parole, il ne faut jamais perdre de vue les moyens orthophoniques, mais bien les appliquer toujours, soit que l'on se trouve avec ses parents ou d'autres personnes avec lesquelles on est dans l'intimité, soit enfin que l'on ait à parler dans un cercle nombreux ou devant des auditeurs que l'on connaît peu ou qui inspirent un certain respect. Quoique une timidité excessive vienne, dans cette dernière circonstance, enchaîner la langue de tous les bègues, ils pourront le plus souvent même, dans la première moitié du traitement, s'exprimer sans hésitation et sans qu'il reste aucune trace de leur infirmité, s'ils ont soin de ne pas perdre de vue la manière de parler indiquée dans le chapitre X, et surtout s'ils appliquent la méthode curative au lieu de faire des efforts lorsqu'une syllabe malencontreuse vient enchaîner leur langue.

Un bègue aurait tort de se croire guéri si, après plusieurs semaines d'exercice, il pouvait s'exprimer sans bégayer. Lorsqu'il en est ainsi, il cesse de bégayer, c'est-à-dire que son bégaiement est momentanément suspendu, ce qui est bien différent; il doit donc continuer avec le professeur pendant trois ou quatre mois l'emploi de la méthode curative du docteur Colombat, et ce n'est qu'après ce temps qu'il cessera tout à fait d'être bègue, et que, sans y penser, il s'exprimera avec facilité, ayant contracté l'habitude de parler selon la méthode orthophonique, dont alors seulement il fera en quelque sorte instinctivement l'application.

Les bègues ne doivent pas craindre les mauvais effets de l'espèce de monotonie qui résulte de leurs syllabes mesurées; ils doivent être convaincus que leur nouvelle manière de parler ne sera pas de longue durée et que, dans tous les cas, elle est beaucoup moins ridicule que, les grimaces et les efforts pénibles qu'ils sont obligés de faire pour pouvoir articuler distinctement.

Pendant un certain temps, ils s'en tiendront aux exercices orthophoniques des chapitres XII et XIII, pour passer ensuite à d'autres plus agréables comme application.

Afin de m'assurer que le premier exercice a amené un changement marqué dans l'articulation des mots, je fais commencer le second par la lecture lente et mesurée de quelques vers de sept ou huit pieds, que je choisis de préférence aux vers alexandrins, parce que, comme on doit lire lentement, on serait souvent obligé de respirer au milieu de la lecture de ces derniers. Après la lecture de ces pièces de vers, je passe à celle d'autres morceaux de poésie composés de vers alexandrins, qui, étant plus longs, sont par cela même plus difficiles, parce qu'ils exigent souvent que l'on conserve un peu plus longtemps de l'air dans la poitrine et que l'on ménage mieux la sortie de ce fluide pendant l'expiration, afin de n'avoir pas besoin de respirer au milieu d'un mot ou d'un membre de phrase.

Dans la leçon, j'indique à l'élève, pour lui faciliter sa récitation, et dans de nombreux cas, l'empêcher d'hésiter, le moment où l'on doit inspirer en retirant la langue vers le pharynx et en relevant la pointe de cet organe pour ainsi dire vers la luette.

Cet exercice, qui m'a mis à même de bien juger des progrès de la personne, est suivi d'autres exercices que je choisis selon la variété du bégaiement, et qui assez souvent se composent de maximes, de pensées détachées en prose et en vers, car on a, après une première lecture, un sens facile à retenir, à répéter par cœur et sans aucun effort de mémoire.

Souvent je lis une maxime, une sentence ou un proverbe, que je fais aussitôt répéter après moi et de la même manière, c'est-à-dire en appliquant toujours la méthode du docteur Colombat, combinée selon les cas avec les autres moyens orthophoniques.

Le troisième exercice que j'emploie diffère du précédent en ce sens que, au lieu de répéter littéralement des phrases en prose ou en vers, il faut traduire, ou plutôt reproduire, en d'autres termes, des phrases détachées, des maximes ou des anecdotes qu'on a lues ou entendu

lire de manière à se rapprocher autant que possible de la conversation ordinaire. Je varie à l'infini les
exercices orthophoniques, non-seulement en faisant reproduire en d'autres termes et, comme je l'indique plus
haut, des pensées détachées toujours faciles à retenir,
mais encore en faisant traduire quelquefois en français,
selon l'intelligence ou l'instruction du bègue, des phrases
du même genre, soit du latin, soit des langues anglaise,
allemande, italienne ou espagnole. Je dois dire que les
personnes bègues, qui vers la fin de leur traitement
parviennent à traduire ses phrases sans hésiter, peuven
se regarder généralement comme étant parfaitement
délivrées de leur infirmité, car cette épreuve est une des
plus difficiles et par conséquent des plus concluantes.

Lorsque par l'application méthodique de la gymnastique vocale on arrive aux résultats précédents, je con-
sacre les derniers jours du traitement à faire raconter
des anecdotes et réciter *littéralement* des morceaux de
poésie et de prose, afin que l'élève contracte l'habitude
de la méthode en racontant et en récitant de mémoire.

Pour dire ces vers, ou pour faire des lectures et des im-
provisations à haute voix, et afin d'éviter un débit lourd,
pénible, fatigant, monotone ou confus, je conseille de
prononcer toutes les syllabes distinctement, rigoureuse-
ment, sans précipitation ni trop de lenteur, je conseille
également de ménager la voix, la respiration ainsi que

toutes les inflexions vocales, de telle sorte que l'on fasse bien sentir chaque période d'une phrase, et les différentes parties d'une lecture d'un récit ou d'un discours. Enfin, ce que je recommande, c'est d'acquérir un organe agréable, un timbre pur, flexible, sonore, harmonieux, en essayant le plus possible de parler orthophoniquement devant une société nombreuse et importante. C'est surtout par ce moyen que l'on peut parvenir à vaincre la timidité si naturelle aux bègues qui, par cette raison, sont parfois jugés d'une manière défavorable.

On doit se rappeler que le grand art de parler en public consiste principalement à donner à sa voix une certaine mesure et à ne jamais la forcer dans le but de se faire un organe factice. Dès qu'on cesse de parler avec la voix naturelle, il est impossible de dire avec vérité et de faire entendre des intonations justes ; on ne peut donner à ce sujet des préceptes certains, car je pense que l'élève doit prendre surtout comme guide son bon sens, et diversifier ses inflexions suivant son organisation ou le sentiment qu'il éprouve.

Si la voix, dans une situation ordinaire de l'esprit, peut nous faire connaître les penchants et les qualités morales de l'homme, elle nous découvrira bien plus sûrement encore les différentes passions dont il est agité. La crainte, la langueur abaissent la voix, l'étonnement la coupe, l'admiration l'allonge, l'espérance la rend sonore et égale, la colère la rend rauque, entre-coupée, le désir précipite les paroles et fait commencer les phrases par de longues exclamations. La hardiesse rend les discours laconiques ; elle laisse toujours plus à penser qu'elle ne dit. Platon savait si bien que le son de la voix pouvait, jusqu'à un certain point, découvrir l'état moral des hommes, que, lorsqu'il voulait connaître ceux qui l'abordaient pour la première fois, il leur disait : *Parlez, afin que je vous connaisse.*

CHAPITRE XIV.

En prenant pour base les renseignements que l'on a pu prendre, soit à Paris et dans plusieurs départements, soit par les conseils de révision pour le recrutement de l'armée, ou par tous autres moyens, le docteur Colombat a établi, en 1840, une sorte de statistique du bégaiement, divisée comme il suit :

NOMBRE PRÉSUMÉ

1840
— d'hommes bègues calculé sur 12,000,000 d'individus, dans la proportion de 1 sur 2,500....... 4,800

— de femmes bègues, calculé sur 11,000,000 d'individus, dans la proportion de une sur 20,000.... 550

— d'enfants bègues, avant quinze ans, calculé sur 10,000,000 d'individus, dans la proportion du septième parmi les bègues...................... 764

1868
— de Français bègues, de tout sexe et de tout âge, calculé sur 36,000,000 d'individus, dans la proportion de 1 sur 5,397............................ 6,671

Nombre présumé des bègues dans les quatre parties du monde.

En Europe, sur 180,000,000 d'habitants.......	33,349
En Asie, sur 550,000,000 id.	101,900
En Afrique, sur 150,000,000 id.	27,790
En Amérique, sur 60,000,000 id.	11,110
Dans le monde entier, sur 940,000,000 d'habitants, nombre total........................	174,149

Il est bon de dire que, dans ces calculs, le docteur Colombat n'a voulu parler que des individus affectés d'un bégaiement assez apparent, et non de ce défaut très-léger et des autres vices de la parole; ces calculs seraient beaucoup plus élevés s'il en était autrement. Ce qui fait encore que cette statistique n'est pas portée aussi haut qu'elle devrait l'être, c'est qu'il est impossible de connaître le nombre des personnes bègues qui ont été exemptées du service militaire, soit par leur bon numéro, soit pour tout autre motif que leur infirmité.

CHAPITRE XV.

Le bégaiement est une infirmité dont il est toujours facile de constater l'existence, puisqu'il suffit d'entendre parler pendant un certain temps un sujet bègue, pour remarquer qu'il se trouve plus ou moins arrêté, soit par la prononciation de toutes les syllabes qui entrent dans la composition des mots, soit dans l'articulation de quelques-unes en particulier. Ce vice de la parole, qui a été confondu avec plusieurs autres, doit être distingué : 1° du **balbutiement**, dont la cause est un manque de mémoire ou d'intelligence, ou une lésion quelconque de l'encéphale ou des organes phonateurs, ce qui n'a pas lieu dans le bégaiement proprement dit, et dont le carac-

tère essentiel consiste dans l'addition plus ou moins pro-
longée de certains sons insignifiants après les mots, ou
dans la prononciation de ceux-ci avec hésitation, interruption et peu distinctement; 2° du **bredouillement**, qui est caractérisé par la prononciation tu-
multueuse et confuse de syllabes et par la rapidité du
discours qui fait que les mots sont coupés, articulés à
demi et souvent inintelligibles; 3° du **grasseyement**,
qui, d'après la définition que nous en avons donnée,
résulte de l'articulation gutturale et défectueuse de la
lettre R, de la substitution d'une autre consonne à celle-
ci, ou enfin de sa suppression plus ou moins complète;
4° des **diverses blésités**, qui consistent à substituer
une articulation à une autre ou à lui donner un son
qu'elle ne représente pas.

Ce qui distingue le plus le **bégaiement** des autres
vices de l'articulation, c'est que ces derniers sont per-
manents et sans intermittence, et ne sont jamais mo-
difiés, augmentés, diminués ou momentanément sus-
pendus par les affections morales, certaines passions
et une foule de circonstances qu'il est inutile de rappeler. Je dois ajouter que, si les autres vices de la parole,
surtout le balbutiement, sont en général plus difficiles à
guérir que le bégaiement, leur cure, une fois obtenue,
est presque toujours radicale.

Je dois ajouter également, et je puis affirmer que les
très-rares rechutes qui pourraient être constatées dans

le traitement du bégaiement dépendent toujours de l'oubli plus ou moins complet de la méthode orthophonique. On conçoit facilement qu'une ancienne habitude de l'organisme ne peut pas disparaître tout à coup, et que toutes les prétendues *cures radicales* obtenues en quinze jours doivent nécessairement être suivies de récidives. En effet, souvent l'habitude fait acquérir sur le physique et le moral un tel empire qu'elle semble assujéttir la nature et en créer une nouvelle, comme cela peut avoir lieu dans le traitement de toutes les affections essentiellement nerveuses, parmi lesquelles le docteur Colombat range le bégaiement.

FIN

TABLE DES MATIÈRES.

FIN DE LA TABLE.

IMPRIMÉ PAR CHARLES NOBLET

Rue Soufflot, 18

www.ingramcontent.com/pod-product-compliance
Ingram Content Group UK Ltd.
Pitfield, Milton Keynes, MK11 3LW, UK
UKHW022327070726
13614UKWH00002B/996